LE RÉVEIL EST MORT. DES LAMPIONS!

ORAISON FUNÈBRE

DU

RÉVEIL DU DAUPHINÉ

PRONONCÉE

PAR

A. MAUREL DE ROCHEBELLE

Conseiller municipal de Meylan

Prix : 15 Centimes

CHAMBÉRY

IMPRIMERIE D'ALBERT BOTTERO, PLACE SAINT-LÉGER

1877

LE RÉVEIL EST MORT. DES LAMPIONS!

ORAISON FUNÈBRE

DU

RÉVEIL DU DAUPHINÉ

PRONONCÉE

PAR

A. MAUREL DE ROCHEBELLE
Conseiller municipal de Meylan

Prix : 15 Centimes

CHAMBÉRY
IMPRIMERIE D'ALBERT BOTTERO, PLACE SAINT-LÉGER

1877

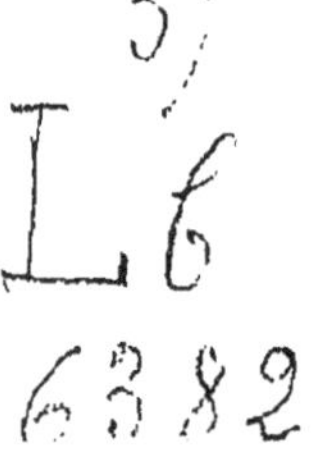

I

Au moment où le *Réveil* est condamné pour la quatrième fois par la Justice de son pays, — c'est-à-dire par le Pays lui-même, qu'on veuille bien ne pas l'oublier, — nous avons pensé qu'il ne serait peut-être pas tout à fait sans utilité de publier, de nouveau et à part, la préface d'une brochure que nous fîmes paraître au commencement de l'année dernière, dans des circonstances absolument semblables à celles où nous nous trouvons aujourd'hui. Cette reproduction a pour but de répondre aux âmes sensibles, il y en a, et j'en connais, qui seraient tentées de plaindre le *Réveil* à propos de la condamnation qui vient de le frapper, condamnation qui ne sera pas la dernière sans doute, et nous a fait vendre peut-être un peu prématurément la peau de cet ours quand nous nous sommes écrié : le *Réveil* est mort. Nous trouverons ainsi l'occasion de faire apparaître le *Réveil* dans toute sa laideur, et de montrer aussi à quelle profondeur de niaiserie peuvent descendre les cœurs trop compatissants.

Faudra-t-il donc monter sur une tour pour crier, de façon à être entendu enfin, que le *Réveil* n'a pas droit d'exister, pas plus que les loups, le choléra-morbus ou le phylloxera? A-t-il droit d'exister, un journal qui supporte sans protestation les accusations si graves dont je l'accable dans la préface qu'on va lire, et croit-il s'être refait un honneur parce que, l'année dernière, il nous a écrasés dans des élections néfastes où nous avons été si complètement abandonnés? Non, le succès n'a jamais réhabilité personne; le succès n'a jamais tenu lieu de cette petite chose que François Ier avait su garder après Pavie, et dont les journaux, pour vivre, ne peuvent pas plus se passer que les particuliers.

Le *Réveil*, ce triomphateur,
Nous a mis sous ses pieds : qu'importe !
Quand on triomphe de la sorte,
Le vrai vaincu, c'est le vainqueur.
Qu'on aille écrire sur sa porte :
Il a tout gagné, fors l'honneur.

Il est bien entendu, d'ailleurs, que nous ne sollicitons plus aucune réponse du *Réveil*. Nous sommes trop généreux pour cela. S'il prenait au *Réveil* la fantaisie tardive de nous répondre, après ce silence obstiné de quatre ans, nous n'aurions, en effet, qu'à lui dire :

Nous vous disions l'année dernière :

« Y a-t-il deux honneurs, comme on prétend que certains casuistes distinguent deux morales ? Y a-t-il deux honneurs, l'un pour un journal, et l'autre pour un particulier? Ce qui déconsidérerait un particulier, ne doit-il pas déconsidérer un journal ? Ce qui porterait atteinte à l'honorabilité d'un homme, ne portera-t-il pas atteinte à l'honorabilité d'un journal? Si un homme était convaincu d'avoir tenté d'abrutir et de corrompre un autre homme, à coup sûr, il serait déshonoré. Un journal sera-t-il moins déshonoré parce que son action va à corrompre des milliers d'hommes? Certes, les rédacteurs du *Réveil* seront les seuls à le croire. Mais, alors, est-ce vraiment la peine de prodiguer tant de sarcasmes et tant de railleries, de dépenser tant d'esprit contre les hommes noirs pour instituer à son profit une telle casuistique rouge ? »

Or, nous vous disons aujourd'hui :

« Y a-t-il deux honneurs pour un journal, un honneur en temps d'élection, et un honneur hors de la période électorale? Ce qui lui semblerait devoir le déshonorer quand le vote approche, lui paraît-il indifférent dans un autre moment de son existence ; et a-t-il l'épiderme fait de telle façon que, rhinocéros en tout temps et que des coups de bûche ne peuvent émouvoir, il acquiert aussitôt la sensibilité d'une sensitive dès qu'une urne paraît à l'horizon ? »

Nous sommes trop généreux, nous le répétons, pour sommer une dernière fois le *Réveil* de nous répondre, et d'ailleurs lui trop prudent pour s'y laisser prendre.

Mais, diront les hommes intègres, est-il juste de supprimer le *Réveil* à la veille d'une élection où il devait avoir sa part? Est-il généreux de le frapper quand il est à terre?

Nous répondons d'abord :

Si le *Réveil*, plus prudent d'ordinaire, a été assez badaud pour se faire suspendre à la veille d'une élection, c'est son affaire, et nous n'y pouvons rien. Emporté par sa haine aveugle, il n'a pas su se contenir quand une sagesse élémentaire le lui conseillait impérieusement. Que voulez-vous que j'y fasse? aurai-je l'honneur de vous répéter. Au fond, et pour ne rien cacher, nous en sommes personnellement enchanté, car nous y voyons un de ces signes précurseurs de l'accomplissement de notre vieille prophétie (1). *Quos vult Jupiter perdere dementat.*

Mais il faut dire surtout :

Le *Réveil* est à terre, mais il renaîtra; et le jour où il mourra enfin, son venin lui survivra.

(1) Epigraphe de la *Conduite de Grenoble,* que nous reproduisons en tête de la préface.

Quand vous rencontrez un serpent engourdi, il ne peut vous nuire, et pourtant vous le tuez; car vous pensez avec raison qu'aux premiers soleils il reprendra sa force et vous mordra. Ainsi du *Réveil,* qui n'est mort que pour deux mois. Que dis-je? Il vit encore; il rit au nez de ses juges, et, protégé par une législation mal faite, la condamnation, à part l'amende, est pour lui comme si elle n'était pas. Mais le jour où l'état de siége, une loi nouvelle, des amendes réitérées, peu importe le moyen, tous les moyens seront bons, l'auront définitivement renvoyé dans ce bienheureux néant d'où il n'aurait jamais dû se *réveiller,* croyez-vous qu'il ne nuira plus parce qu'il ne vivra plus, et que ce sépulcre empesté cessera sitôt de propager la corruption qui est son essence? Frappé par la foudre, le mancenillier mort reste debout, et, longtemps encore son feuillage sans sève, engourdira les populations qu'il couvrait de son ombre.

Que le peuple rugisse, s'il lui plaît. C'est pour le peuple que nous travaillons quand nous combattons le *Réveil.* Le malade, à qui on coupe une jambe, ne regarde pas d'un œil bien doux le chirurgien qui l'opère, mais, quelques heures après, il le remercie en pensant que la gangrène aurait gagné tout le corps. Oui, c'est par amour du peuple, que cela lui plaise ou ne lui plaise pas, que, sans relâche et par le peu de moyens qui sont en notre pouvoir, nous combattons le *Réveil* depuis cinq ans bientôt. Nous ferons ainsi jusqu'au bout.

D'ailleurs, nous avons non-seulement le droit, mais le devoir de parler; non-seulement le devoir qui incombe à chaque citoyen, mais un devoir particulier. Depuis vingt années, dans les plus humbles des fonctions, c'est vrai, nous sommes l'élu du peuple, ce que n'a jamais été M. Vogeli. Nous sommes l'élu du peuple aussi bien, si ce n'est au même degré, que les députés et que les sénateurs, et nous devons à ces quelques centaines d'électeurs qui nous ont chargé de les représenter dans leurs intérêts matériels et moraux, nous leur devons de leur dire : « Là, un gouffre est béant au bout du sentier, n'y va pas; là, un tuyau de descente a crevé sur le trottoir, n'y marche pas. »

Quand un journal n'a pas reculé devant l'infamie de faire lire à des paysans la *Croisade noire,* il est jugé pour quiconque a l'âme droite.

Et nous ne connaissons que le très-honorable M. Correl — avec une cédille — capable de croire qu'on peut convertir le *Réveil* (1).

(1) L'honorable M. Paul Breton, du Pont-de-Claix, est peut-être sur ce point du même avis que le très-honorable M. Correl avec une cédille; mais, comme il ne paraît pas avoir le jugement toujours extrêmement juste, si l'on se reporte à la contradiction, inexplicable pour tout le monde, qu'on remarque entre sa conduite et ses votes, son opinion, dans ce cas, ne saurait avoir une très-grande valeur.

II

Revenons, s'il vous plaît, à ce sujet qui doit nous être particulièrement cher, aux espérances que l'on peut concevoir de voir bientôt disparaître le *Réveil* du Dauphiné.

Bien des signes précurseurs peuvent faire prévoir sa mort comme prochaine, et suffiraient, au besoin, à justifier notre titre. Ce royaume des ténèbres est profondément divisé avec lui-même; cela devait nécessairement arriver. Croyez-vous, par exemple, qu'un ancien notaire, d'ailleurs fils de Saturne, ait conservé des sentiments bien tendres pour le *Réveil* qui l'a dévoré (1)? Croyez-vous que l'honorable président du Conseil d'arrondissement de Grenoble, qui invite à dîner son curé, après le conseil de Fabrique, soit toujours absolument de l'avis du *Réveil*, qui veut faire mourir de faim ce même curé (2)?

(1) Dans une lettre restée célèbre, M. Julhiet, se plaignant avec amertume de n'avoir pas été le candidat du *Réveil* aux dernières élections, rappelait, en se l'appliquant, le mot célèbre : « La Révolution est comme Saturne, qui dévore ses enfants. » Ainsi, M. Vogeli était Saturne, et M. Julhiet un quasi-Jupiter, ce qui ne manquait pas d'être assez facétieux.

(2) M. Sorrel, qui est un bon catholique, nous cause le très-grave dommage de prêter au *Réveil* de son honorabilité. On a vu M. Sorrel se présenter au Conseil d'arrondissement

Croyez-vous que M. Aug. Arnaud, conseiller général, ne soit pas devenu un peu l'irréconciliable de M. Anthoard, depuis qu'il a dit publiquement de lui les aménités que chacun peut se rappeler (1) ? Croyez-vous

sur le même mur et dans le même carré de papier où un radical à outrance se présentait au Conseil général, venant ainsi, aux yeux des électeurs superficiels, comme nous l'avons dit dans le temps, sanctifier, *exorciser* l'affiche où, à côté de son nom respecté des hommes religieux, se trouvait le nom de M. Julhiet, fondateur du *Réveil*.

Une autre fois, le *Réveil* annonçait que les souscriptions pour l'élection d'un candidat réveillard seraient centralisées chez M. Sorrel.

Nous disons à M. Sorrel, aussi bien qu'à M. Paul Breton : « Quand on n'a pas le degré d'intelligence qu'il faut pour voir la contradiction monstrueuse où l'on tombe et le mal qu'on fait ; quand on n'a pas l'indépendance intellectuelle nécessaire pour se retirer du milieu malsain où l'on se trouve amalgamé, on reste dans la vie privée, ce qui n'est pas fort difficile, et personne n'aura le droit d'aller vous y chercher.

Que M. Paul Breton, que M. Sorrel en particulier, ne soient pas surpris du langage que nous leur tenons ici. Quand la bataille est engagée, et que de si graves intérêts en dépendent, **aucune considération** ne doit empêcher un bon soldat de faire son devoir. Or, dans la lutte qui va s'ouvrir, et dont l'enjeu est la vie ou la mort de la France, nous avons la prétention, la présomption, si vous voulez, d'être un soldat; ni officier, bien entendu, ni sergent, ni caporal ; simple soldat, c'est vrai, mais non soldat de carton, si l'on veut bien le permettre.

(1) M. Aug. Arnaud est l'auteur du fameux rapport sur les water-closets du tribunal de première instance, lu en plein Conseil général. Ce rapport a valu à M. Aug. Arnaud la ré-

que M. Aristide Rey, ci-devant homme de lettres (1), candidat malheureux des dernières élections, et battu non-seulement par M. Anthoard, mais par le colonel Breton, croyez-vous que M. Aristide Rey ait pardonné si vite à ceux qu'on appelait dans les clubs « les Vogeliens, » c'est-à-dire les aristocrates du parti (2)?

Mais je puis ne pas m'arrêter là, et, comme un bon nécromancien, faire déposer les morts eux-mêmes. Nourri dans le sérail où je m'étais introduit lâchement, j'ai surpris plus d'un secret et provoqué plus

putation de premier pince-sans-rire de cette très-sérieuse assemblée.

(1) M. Aristide Rey est un de ceux qui ont placardé dans l'auberge du Crapeau-Volant : « Dieu, cinquante centimes ! » M. Aristide Rey, alors homme de lettres, encourut la disgrâce de M. Duruy pour s'être déclaré l'ennemi personnel de Dieu, dans une sorte de congrès d'étudiants tenu à Liége. Nous n'avons pas entendu dire que M. Aristide Rey se soit réconcilié avec l'Etre Suprême, auquel croyait Robespierre.

(2) Il y a quelques années, M. Aristide Rey, dans les actes de sa vie politique, joignait à son nom le titre d'*homme de lettres*. Nous avons remarqué que l'année dernière il y avait renoncé. M. Aristide Rey a-t-il craint que cette qualification d'homme de lettres ne lui fît perdre, aux yeux de ses électeurs, quelque chose de ce sérieux avec lequel il a l'air de se prendre lui-même? Ou bien ce diplôme d'homme de lettres, conféré à M. Aristide Rey par le congrès de Liége, n'a-t-il pas été ratifié par ses concitoyens? Ou bien encore M. Aristide Rey ne serait-il plus homme de lettres? On se perd en conjectures.

d'une confidence. Ancien journaliste, je vais les dévoiler avec la désinvolture d'indiscrétion qui n'appartient qu'à cette institution.

Pensez-vous donc que ce pauvre Rigaudin, s'il pouvait revenir, hélas! des sombres bords, n'aurait qu'un regard bienveillant pour cet homme, Vénérable d'ailleurs, je le sais, qui, à la suite d'une altercation de la dernière violence, l'a envoyé aux eaux de Vals, où il espérait guérir de sa jaunisse, et où il est resté (1)? Je n'en finirais pas, si j'avais voulu tout savoir et si je pouvais tout dire.

Si le *Réveil* n'est pas encore mort, il ne tardera guère. Donc, des lampions, des lampions! Lampions moraux, s'entend, allumés ès-cœurs de tous les gens de bien, car nous sommes trop poli et trop généreux en même temps pour forcer, même par voie de représailles, les citoyens Réveillards à illuminer pour leur propre défaite, comme ils n'ont jamais manqué de le faire vis-à-vis de nous, — toutes les fois que leur République est apparue, — avec des

(1) M. Rigaudin, digne par ses formes aimables, son intelligence, son aménité, d'avoir, comme imprimeur, des opinions un peu moins éclectiques, est mort aux eaux de Vals après avoir reçu tous les Sacrements.

M. Rigaudin m'a dit, quelque temps avant de mourir : « Depuis que ma fille est en âge de se préparer à sa première communion, le *Réveil* n'entre plus chez moi. »

On trouvera peut-être que, dans le dossier du *Réveil,* cet argument a une certaine valeur.

insultes à nos personnes et des pierres dans nos vitres, accompagnement obligé, paraît-il, de l'air sinistre des *lampions* (1).

III

Je relis le chapitre qui précède, et je constate combien peu j'ai suivi les conseils des personnes sages qui m'ont si souvent répété : « Exposez vos idées, rien de mieux; mais, par-dessus tout, évitez les personnalités. »

On peut dire, pour employer une expression vulgaire, que ce chapitre est bourré de personnalités. Il paraît même n'avoir été écrit que pour servir d'argument aux notes qui l'accompagnent et en augmentent singulièrement la portée.

Je ferai remarquer trois choses :

La première, c'est que la période électorale est ouverte. Pour moi, la période électorale est ouverte depuis le 16 mai, depuis le coup d'Etat du 16 mai, comme ils disent.

La seconde, c'est que la plupart de ceux que je critique sont des candidats aux prochaines élections

(1) Qu'on relise, dans la *Conduite de Grenoble,* l'article intitulé : *A propos de Rabagas,* et l'on verra comment ces Messieurs entendent la liberté, même la liberté des lampions.

ou peuvent le devenir. Or, ce n'est pas un combat de soldats de carton que nous nous apprêtons à livrer; je crois l'avoir dit.

Enfin et surtout, je ferai observer en troisième lieu que, si j'appelle mes adversaires par leur nom, je signe du mien, et me livre par conséquent à leurs coups redoutables. Je ne suis pas d'ailleurs invulnérable, et j'ai mon talon d'Achille, sans doute, tout comme un autre. J'irai même jusqu'à mettre charitablement mes adversaires sur la voie. Je suis baron (1), je suis clérical, je suis pèlerin. Il faudrait être bien maladroit pour ne pas trouver là de quoi *blaguer* un homme.

Il est vrai que, moins poli qu'à Fontenoy, j'ai tiré le premier. Que voulez-vous, il faut bien que quelqu'un commence.

Deux paysans de Rencurel partirent ensemble pour la foire de Voiron où ils avaient l'intention, l'un de vendre sa vache, et l'autre de l'acheter. Naturellement, pendant tout le cours du trajet, ils ne se

(1) Titre que je ne prends pas en signant mes écrits, de même que M. Vogeli ne porte pas la décoration de la Rose. Cela par deux raisons : la première, c'est que, comme me le faisait observer très-judicieusement un journaliste de mes amis, dans le journalisme nous sommes tous bohêmes; mais surtout parce que, ayant toujours eu quelques arrière-pensées candidatoriales — je ne vois pas pourquoi je ne serais pas un jour député tout comme M. Anthoard, — je craindrais que ce titre de baron n'effarouchât les électeurs.

dirent pas un mot du but de leur voyage, car ils pensaient, avec une circonspection toute dauphinoise, que celui qui parlerait le dernier aurait nécessairement l'avantage dans le marché. Ils dînèrent ensemble à Voiron et revinrent ensemble à Rencurel, attendant toujours que l'un des deux parlât le premier. Dans la nuit, des fatigues de ce long voyage, la vache creva.

Et voilà, en grande partie du moins, pourquoi nous avons été battus aux dernières élections. Nous n'avons pas envie de recommencer.

Je me rappelle que, l'année dernière, briguant l'honneur d'être délégué sénatorial de Meylan — dont j'étais alors, par suite de diverses circonstances, l'homme le plus populaire, — il me fut impossible d'obtenir d'aucun comité le nom des candidats qu'on se proposait de porter, et pourtant trois semaines au plus nous séparaient du jour de l'élection. Cela, et uniquement cela, me fit échouer. Mais je ne fus pas nommé dans des circonstances si singulières, que je demande la permission de les rapporter incidemment, à titre de renseignement sur la valeur que peut avoir parfois un vote.

J'eus cinq voix; mon concurrent en eut quatre; et mon concurrent fut élu, et très-légalement élu.

Montrons que l'invraisemblable a pu être la réalité.

Au premier tour de scrutin j'ai cinq voix, et les cinq autres se dispersent sur presque autant de noms. Voilà, me dis-je, mon élection assurée au second tour. On interrompt le vote pendant cinq minutes, cinq minutes de recueillement, le temps de fumer une cigarette et de boire un bock. On rentre dans la salle. Nouveau vote dans le chapeau de M. le Maire. Cette fois un de mes amis me lâche sans que j'aie jamais su pourquoi; car il est probable que je n'ai pas choisi ces cinq minutes pour lui faire quelque chose de désagréable; et alors pourquoi m'abandonne-t-il ainsi après qu'il a eu quinze jours pour réfléchir sur mes mérites ou mes inconvénients? Les autres voix se sont encore dispersées comme la première fois. Au troisième tour la simple majorité suffit; je tiens mon affaire, et je n'ai plus qu'à commander mes cartes de visite avec : *Délégué de Meylan pour l'élection sénatoriale.* Autre bock, autre cigarette. On rentre en séance. Ce diable de M. Long a sur la figure un air de satisfaction qui m'inquiète. On retire de l'urne l'arrêt définitif du peuple souverain. Quatre voix font balle sur M. Long, les quatre que j'ai conservées au second tour me restent fidèles; mais ne pouvant offrir à mon concurrent d'être né en 1814, ce qu'il annonce triomphalement, je n'ai plus qu'à me rendre chez le lithographe pour décommander mes cartes de visite.

Cette déconvenue me fut extrêmement sensible. Durant une quinzaine j'avais tout fait pour être nommé, ne laissant à la fortune, comme mon grand confrère en oraisons funèbres, Bossuet, le dit de Cromwel, rien de ce que je pouvais lui ôter par conseil ou par prudence. Les pieds dans la boue et dans la neige, j'avais fait une visite à tous mes collègues, comme si ces gaillards étaient de l'Académie; j'avais dîné avec un grand nombre d'entre eux, chez eux, et, moi qui ne sais pas mentir, déclaré leur vin excellent. Enfin, la veille du vote, pour être bien sûr de rester le dernier au cabaret, j'y avais, honni soit qui mal y pense, couché sur le billard.

Et toutes ces précautions, toutes ces ruses, toute cette sagesse, n'ont servi de rien parce que, lorsque je demandais un nom de candidat à présenter à mes Grands Electeurs, on me répondait obstinément : « Allons donc ! on voit bien que vous n'êtes pas un homme pratique ! »

Allez donc dormir sur le billard, vous, hommes pratiques.

Les mêmes imprudences se renouvelèrent pour l'élection des députés, et je fus obligé, huit jours avant le vote, d'inventer la candidature Breton, simple protestation destinée à épargner à ma ville la honte d'une défaite sans combat. Cette protestation, improvisée et commencée sans comité, sans argent, sans journal, sans candidat, peut-on dire même, car le Colonel n'aimait pas à courir à une défaite certaine, et il fallut obtenir, non sans efforts, son consentement; cette protestation, disons-nous, eut un succès inespéré, et, sur quatre candidats en présence, le colonel Breton vint en seconde ligne, immédiatement après M. Anthoard, élu, et battant, non-seulement M. de Combarieu, mais M. Aristide Rey.

Qu'on me pardonne tout ce bavardage un peu personnel ! Dans ce que je viens de raconter, il y a, je crois, d'utiles enseignements, et on en pourrait tirer cette morale que, s'il n'est pas bon de trop se hâter et de tout dire intempestivement, il vient néanmoins un moment de se décider à agir, et de parler nettement, même aux Dauphinois qui ne parlent jamais.

IV

Qu'on nous permette, en finissant, de considérer l'oraison funèbre du *Réveil* comme terminée, et de ne plus nous occuper de lui, du moins à ce point de vue.

De trop graves considérations nous sollicitent d'ailleurs, à la veille d'une élection d'où dépend, nous l'avons dit, l'existence même de la France.

Première considération.

Dans la préface que nous faisons réimprimer, et qu'on trouvera quelques pages plus loin, nous exprimions une pensée qui nous paraissait juste, mais sous une forme un peu fantaisiste et un peu verte, à laquelle il nous semblait convenable de donner immédiatement une atténuation.

Nous disions :

« Il devra suffire qu'un candidat soit proposé par le *Réveil* pour que ce candidat doive être repoussé par les gens de bien. Quoi qu'en disent Darwyn et M. Duruy, les lois de l'histoire naturelle sont immuables. Voltaire ne peut engendrer que des singes et le *Réveil* que des Réveillards. *Genuit animal sibi simile.* »

Et nous ajoutions aussitôt :

« Nous sommes bien aise de dire ces choses avant que des noms honorables se soient fourvoyés peut-être sous le patronage du *Réveil.* »

Aujourd'hui, pas d'atténuation et pas de politesse. L'expérience a trop montré combien nous avions raison, et nous l'avons trop échappé belle pour y mettre tant de ménagements. Le voyageur qu'un postillon en goguette a failli jeter dans le précipice n'emploie pas un langage académique pour lui dire son fait et pour le renvoyer.

Nous disons donc aujourd'hui :

« Il devra suffire qu'un candidat soit proposé par le *Réveil* pour que ce candidat doive être repoussé avec indignation par tous les gens de bien. Tout candidat proposé par le *Réveil* passera nécessairement sous les fourches caudines du *Réveil*, comme les républicains de la Chambre ont tous passé sous les fourches caudines de M. Gambetta. D'ailleurs les candidats du *Réveil*, élus aux dernières élections, ont été vus à l'œuvre et définitivement jugés. Ces Messieurs veulent continuer à faire l'essai de la République, et nous, nous trouvons l'essai que nous avons fait de ces Messieurs concluant et suffisant. »

Deuxième considération.

Tout le monde est d'accord sur ce point, que la responsabilité de l'échec complet que nous avons subi aux dernières élections, et la honte qui s'en est suivie pour ce département, pèse en grande partie sur ceux qui avaient mission de nous diriger. Tous, les yeux fixés sur nos chefs naturels, nous ne demandions qu'à obéir. Pourquoi le commandement n'est-il jamais venu ?

Aujourd'hui il en va tout autrement.

Nous avons échangé notre impression personnelle avec un grand nombre de nos amis, et l'impression unanime est que, cette fois, nous sommes bien commandés. Nous sommes commandés par un homme courageux, un homme profondément honnête, qui n'a jamais hésité entre sa place et son devoir, remarquablement intelligent, laborieux à l'excès; oui, à l'excès, et c'est presque un défaut.

Que la candidature officielle, — appelons-la résolument par son nom, — fleurisse donc en de si dignes mains, et que M. Paul Lauras, préfet de l'Isère, nous conduise.

Nous n'avons jamais été, en principe, opposé à la candidature officielle, qui, bien employée, doit se définir le contre-poison du Suffrage Universel, du Suffrage Universel menteur qu'on appelle le suffrage direct; car, pour le suffrage à trois degrés, celui qui a nommé le Sénat, il porte en lui-même, comme on l'a vu, son antidote, du moins à une certaine dose.

Troisième et dernière considération.

Dans une note de la *Conduite de Grenoble,* nous insistions sur l'indispensable nécessité où se trouvaient tous les hommes d'ordre d'unir leurs efforts contre le radicalisme, et on peut dire que, à part quelques esprits tortus de l'espèce de M. de la Rochette, nous ne faisions qu'exprimer une idée admise à peu près par tout le monde. Aujourd'hui cette entente des conservateurs, quelles que soient d'ailleurs les divergences politiques qui les séparent, est devenue comme le mot d'ordre des élections prochaines.

Pour mieux faire saisir notre pensée, nous empruntions l'année dernière une comparaison à un ouvrage de M. Guizot, l'*Histoire de la civilisation en Europe*:

« Quand paraissait le Hun féroce, dit l'auteur en racontant la victoire de Mérovée sur Attila, il n'y avait plus ni Gaulois, ni Francs, ni Romains. Tous s'unissaient contre l'ennemi commun, l'ennemi de toute civilisation. »

Et nous arrivions à conclure :

« Vous êtes, Messieurs, disions-nous aux radicaux, ce Hun barbare contre lequel tous doivent s'unir. »

Aujourd'hui, forts de l'expérience, avec combien plus de raisons pouvons-nous leur dire :

« Vous êtes, Messieurs, vous, qui n'avez pas craint, pour faire votre République radicale, de déchaîner de nouveau sur la France notre implacable ennemi, qui nous aurait envahi encore une fois, et, cette fois, certainement démembrés ;

« Vous, qui n'avez rien su faire que de créer d'inextricables difficultés au Maréchal de Mac-Mahon, homme providentiel, quoi que vous en disiez ;

« Vous, qui, dans un ordre du jour à jamais célèbre, et le lendemain des massacres de la Commune, avez désigné aux fureurs des patriotes les plus honnêtes gens du pays et les meilleurs des Français ;

« Vous, les pharisiens de la Liberté, qui foulez aux pieds la première de toutes les libertés, la liberté de conscience ;

« Vous, qui avez trouvé dans votre cœur assez de mépris pour le peuple que de marchander le prêtre à ceux qui vont mourir, faire abstraction de leur âme, et les réduire à n'être que de la chair à canon ;

« Vous, qui auriez suivi M. Gambetta, le *fou furieux,* dans toutes ses ineptes folies, y compris cette théorie des nouvelles couches sociales, fausse, absurde, dangereuse, et qui ouvre la porte à toutes les insurrections ;

« Vous, les 363 enfin, vous êtes, c'est la vérité, vous êtes ce Hun inintelligent, aveugle, barbare, contre lequel, d'un bout de la France à l'autre, tous les honnêtes gens, tous les bons Français s'apprêtent à s'unir ! »

ÉPILOGUE.

Qu'on nous permette, en guise d'épilogue, de donner ici quelques menus vers, éclos dans les hontes de l'élection de février 1876, à peu près comme, à cette époque de l'année, il n'y a pas de cloaque ni de sentier fangeux qui ne fasse pousser quelque marguerite ou quelque primevère.

Ces petites pièces, sans aucune prétention littéraire, bien entendu, se disaient de bouche en bouche et n'ont jamais été imprimées. Nous les donnons à titre de souvenir de la plus néfaste des élections.

Ab Jove principium. La première ne visait rien moins que M. le Préfet.

Un préfet comme on n'en voit guère,
Nous fut envoyé par Buffet.
Nous aimerions autant Refait (1);
Au moins Refait s'en va-t-en guerre.
Espérons que, pour ses hauts faits,
Où ne brille guère l'Isère,
Ce préfet, bientôt mis par terre,
De par Buffet sera refait.

(1) M. Refait, membre du Conseil municipal de Grenoble et promoteur de la candidature Aristide Rey, dans les dernières élections.

La seconde, sous la même inspiration, avait pour titre : *La chute des préfets,* avec cette épigraphe empruntée à l'élégie célèbre de Millevoye :

> De la dépouille de nos bois
> L'automne avait jonché la terre.

En voici le commencement, que nous ne donnons que pour arriver aux quatre derniers vers :

> D'une vingtaine de préfets
> Ricard avait jonché la terre.
> Et chacun disait, sans mystère,
> Ce qu'à Ricard ils avaient fait.
> Dans Vaucluse on ne pouvait être
> Un peu démoc-soc sans que, crac!
> Doncieux, ce préfet réac,
> Ne mît son nez à la fenêtre.
> ....

(Suivait l'énumération des préfets mis par terre.)

> ....
> Mais, dit à Ricard un intime,
> Que diable vous a fait André?
> Ricard reprit : André me gêne.
> Cet homme est trop audacieux.
> On le voit sans cesse à la peine,
> Remuant la terre et les cieux.
> ....

Et cela finissait ainsi :

De son préfet Grenoble est veuve;
Ricard veut faire du nouveau.
Pour en mieux appuyer la preuve,
Qu'il nous envoie..... un soliveau.

Ce vœu ironique a reçu son accomplissement en sens inverse, nous l'avons dit.

Après M. le Préfet venait le *Réveil,* autre Majesté. Les vers consacrés au *Réveil* ne sont pas très-polis. Que voulez-vous? Humiliés, écrasés, on se console, on se venge comme on peut. Nous les reproduisons à côté des autres, pour les mieux graver dans les mémoires :

Le *Réveil*, ce triomphateur,
Nous a mis sous ses pieds, qu'importe!
Quand on triomphe de la sorte,
Le vrai vaincu c'est le vainqueur.
Qu'on aille écrire sur sa porte :
Il a tout gagné, fors l'honneur.

La dernière pièce était un couplet qui se chantait sur l'air connu de l'*Exécution obligatoire.*

Harion veut l'Obligatoire,
C'est parler en vrai citoyen;
Mais son vote ne sera rien,
S'il ne sait, après la victoire,
En rendre, par un bon moyen,
L'exécution obligatoire.

Ceux de nos lecteurs qui sont un peu au fait de l'histoire financière du député sortant de Morestel, pénétreront sans peine l'allusion contenue dans le vers imprimé en italiques.

PRÉFACE

DE LA

CONDUITE DE GRENOBLE

Les doctrines du *Réveil*, j'en ai la conviction, vont à la corruption des mœurs, à l'abêtissement des intelligences, à la ruine des arts, à la perte de tout.

Ami *Réveil*, déjà la cognée est mise à la racine de l'arbre, et cet arbre est un MANCENILLIER ; et un long temps ne se passera pas, j'en ai la douce espérance, avant que nous ayons délivré les populations engourdies, de ton ombrage mortel.

(A. MAUREL DE ROCHEBELLE, *Courrier de l'Isère* de 1871.)

A lire, dans le *Courrier de l'Isère*, la lettre de M. Maurel de Rochebelle. Cela est autrement interessant qu'une séance du Conseil général. Cet EXCELLENT homme, aussi DOUX qu'il est INOFFENSIF, nous accuse.....,

(Réponse du *Réveil*.)

I

Je réunis ici, sous un titre un peu fantaisiste, quelques-uns des articles que les circonstances m'ont amené à publier, depuis bientôt quatre ans, contre le *Réveil du Dauphiné*. Ce journal ne m'a jamais répondu, et je suis encore à m'en demander la raison. Ma modestie me disait bien que je n'étais pas pour le *Réveil* un adversaire d'une assez grande valeur, mais, d'un autre côté, l'évidence ne me permettait pas d'accepter tout à fait cette explication. Car, enfin, me disais-je, je ne dois pas avoir la prétention d'être plus susceptible qu'un autre sur le point d'honneur, et il me semble bien que, si le *Réveil* m'avait adressé le quart des imputations que j'ai dû diriger contre lui, je n'aurais pu les accepter sans protestation.

Qu'on en juge.

J'ai dit, à propos d'un numéro du *Réveil :*

« Dans le *Réveil* de mercredi dernier, le blasphème n'est plus proféré : il est vomi. »

« Ce numéro a été rédigé par des athées en goguette, »

« Par des athées en goguette mal dégrisés de quelque pantagruélique saucisson mangé le Vendredi Saint. »

« Cela tient six colonnes.

« On s'étonne que le cœur humain puisse contenir tant de rage et tant de haine contre tout ce qui est bon, pur, noble, saint. « L'homme, dit Pascal, est un monstre incom- « préhensible. »

J'ai dit du *Réveil :* « Il est dit que le *Réveil* descendra tous les jours davantage dans la déconsidération dont l'ont frappé les gens de bien. »

J'ai dit du *Réveil* : « Il n'est avec le *Réveil* pas d'autre polémique que celle-ci : réunir ses articles, et les publier sans commentaire avec ce seul titre : Le dossier du RÉVEIL. »

J'ai dit du *Réveil*, à propos des lâches outrages adressés aux Pèlerins de la Salette : « Dans ces scènes scandaleuses qui ont déshonoré aux yeux de la France la patrie de Bayard, le grand coupable c'est le *Réveil.* »

Et, comme il pouvait m'accuser de me faire son dénonciateur, j'ai revendiqué hautement ce titre, et j'ai repris : « Oui, le grand coupable, JE LE DÉNONCE, c'est le *Réveil.* »

J'ai dit au *Réveil* que fort injustement il me dérobait une partie considérable de mon temps, et que j'avais autre chose à faire en ce monde que d'ÉREINTER le *Réveil.* »

J'ai dit du *Réveil* : « Le genre infâme est son genre naturel. »

Pour mieux me faire comprendre, j'ai eu recours à un certain nombre d'épithètes et de métaphores. J'ai appelé le *Réveil* : « Mancenillier, saucisson de Vendredi Saint, corrupteur, abêtisseur, ruine et perte de tout, journal auquel on ne parle pas, trombonne enrhumé, et même, un jour, oubliant mes habitudes littéraires : vieux blagueur. »

Très-désireux d'entrer en conversation avec le *Réveil*, je lui ai tendu des piéges. Un jour, je feignis de croire qu'il allait enfin me répondre, et je me réjouis de ce que « il allait accepter ce combat qu'il avait si souvent fui après l'avoir si souvent provoqué. »

Un autre jour, je lui fis observer que mes articles, sans aucun doute très peu lus en temps ordinaires, trouvaient cependant un certain nombre de lecteurs quand ils prenaient une tournure de polémique; que, lorsque deux chiens passent dans la rue, personne ne les regarde, mais que, s'ils viennent à se prendre aux dents, ils ont aussitôt une galerie de cinquante badauds; que la population de Grenoble, bien que spirituelle, devait être, dans ce cas, assimilée à ces cinquante badauds, et que, très-portée à donner des surnoms, elle allait infliger au *Réveil* celui de Journal de Jean de Nivelle. »

On en conviendra, il est impossible d'offrir plus formellement le combat. Il est impossible de se le voir plus formellement refuser.

Oui, pendant près de quatre ans, j'ai pu dire au *Réveil* ces choses et d'autres encore. Il a tout subi, tout accepté, et, il faut bien le dire, par son silence, tout *contre-signé*.

Comme un homme qui craint de n'être pas entendu se place à différentes portées de la voix et s'adresse à son interlocuteur, tantôt sur le ton ordinaire de la conversation, tantôt sur un ton plus élevé, tantôt en s'aidant de ses mains placées aux deux côtés de sa bouche comme d'un cornet acoustique, et tantôt enfin en empruntant le porte-voix d'un capitaine de frégate, — ainsi j'ai dit ces choses au *Réveil* dans trois journaux : dans le *Messager*, dans l'*Unité* et dans le *Courrier de l'Isère.*

Vains efforts ! inutiles expédients ! Le *Réveil* ne m'a pas entendu.

J'ai dit au *Réveil* : « Vous êtes un corrupteur du peuple.» Le *Réveil* a souri.

J'ai dit au *Réveil* : « Vous êtes un abêtisseur du peuple.» Le *Réveil* m'a appelé excellent homme.

Y a-t-il deux honneurs, comme on prétend que certains casuistes distinguent deux morales ? Y a-t-il deux honneurs, l'un pour un journal et l'autre pour un particulier ? Ce qui déconsidérerait un particulier ne doit-il pas déconsidérer un journal ? Ce qui porterait atteinte à l'honorabilité d'un homme, ne portera-t-il pas atteinte à l'honorabilité d'un journal ? Si un homme était convaincu d'avoir tenté d'abrutir et de corrompre un autre homme, à coup sûr il serait déshonoré. Un journal sera-t-il moins déshonoré parce que son action va corrompre des milliers d'hommes ? Certes, les rédacteurs du *Réveil* seront les seuls à le croire. Mais, alors, est-ce vraiment la peine de prodiguer tant de sarcasmes et tant de railleries, de dépenser tant d'esprit contre les hommes noirs pour instituer à son profit une telle casuistique rouge ?

II

On voudra bien remarquer que je ne parle jamais politique au *Réveil*. Il peut être à son aise radical, rouge, gambettiste, partageux. Cela ne me regarde pas, ou, pour mieux parler, je ne m'en occupe pas. Je ne demande au *Réveil* qu'une chose : s'abstenir de cracher sur ce que tout le monde vénère, et vouloir bien choisir un autre lieu qu'une église pour y manger des saucissons le Vendredi Saint.

C'est parce que bassement, inutilement, sans autre intérêt que de satisfaire sa haine stupide, et au grand détriment de l'âme du peuple, il a souillé les choses dont vit le peuple, et qui seules peuvent arracher le peuple à son ignorance et à sa misère, c'est pour cela, et non pour aucune autre raison, que je me suis fait l'irréconciliable du *Réveil*, que je lui ai déclaré une guerre à mort, et que je l'ai appelé « mancenillier. »

Je n'ai pas appelé le *Réveil* mancenillier pour le vain plaisir de faire une figure de rhétorique.

J'ai appelé le *Réveil* mancenillier, parce que aucune comparaison ne rend mieux ma pensée sur le *Réveil du Dauphiné*.

Oui, si quelqu'un, par un caprice scélérat, s'avisait de faire venir de quelque pépinière de Java des cargaisons de jeunes mancenilliers, et s'en allait ensuite les planter çà et là dans nos forêts, en sorte que le pâtre ignorant qui viendrait se reposer à leur ombre y trouverait l'engourdissement et la mort, — cet homme ne ferait pas plus de mal assurément que ces autres hommes qui, inconscients ou non de leur œuvre, vont propageant partout le *Réveil du Dauphiné*, dans les cafés des villes, dans les cabarets des campagnes, et jusque dans la chaumière de nos honnêtes laboureurs, où j'ai eu la douleur de le voir lire près du berceau des enfants.

III

Mais, dira-t-on, cette publication tardive n'est faite que dans un but électoral, cela est trop évident.

Oui, certes, cette publication est faite dans un but électoral, mais non seulement dans ce but.

Puisque des lois mal faites reconnaissent le droit à l'existence à un journal tel que le *Réveil du Dauphiné ;*

Puisque les hommes du *Réveil* sont reconnus comme belligérants, et que les braves gens en sont réduits à dire ce que notre grand Auguste Barbier disait déjà d'eux, il y a quarante ans :

> Honte à eux, car trop loin de l'atteinte des lois,
> L'honnête homme peut seul les flétrir de sa voix.

Il faut, en attendant de bonnes lois, en venir à une mesure radicale et nécessairement efficace ; il faut organiser contre le *Réveil* la CROISADE DU DÉSABONNEMENT.

C'est là ma première réflexion, et nous verrons cela dans deux mois.

Pour le moment, ne nous occupons que d'élections, le grand intérêt actuel.

Ceci m'amène enfin à conclure et à montrer le but principal que je me suis proposé en écrivant cette trop longue préface.

Etant donné le *Réveil du Dauphiné* tel qu'on vient de le voir, et assez clairement, j'espère, les braves gens de tous les partis n'ont qu'une résolution à prendre :

IL DEVRA SUFFIRE qu'un candidat soit proposé par le *Réveil* pour que ce candidat soit rejeté par eux.

Ne dites pas qu'il y aura lieu de distinguer entre la personne du candidat et le journal qui le présente ; cette distinction impliquerait une erreur très-dangereuse. Les opinions du candidat seront nécessairement les opinions du journal, et cela suffit ; car, en élection, le principe est : tant vaut l'opinion, tant vaut le candidat.

Et, pour prendre un exemple, croyez-vous que le *Réveil* proposera un candidat, quelle que soit d'ailleurs sa valeur personnelle, qui n'aura pas fait acte d'adhésion formelle à l'Instruction laïque et obligatoire, cette monstruosité inique, cette tyrannie atroce qu'aucun peuple n'a jamais connue, et qui perdrait définitivement la France, car, si l'Université a pu perdre la France, et l'Université a perdu la France, n'en doutez pas un instant, à combien plus forte raison achèverait de la perdre l'Instruction obligatoire et laïque !

Ne multiplions pas les exemples ; celui-là suffit.

Non, tout candidat du *Réveil* acceptera dans une large part les doctrines funestes du *Réveil*. Tout candidat qui sollicitera l'appui du *Réveil* sera semblable au *Réveil*. Quoi qu'en disent Darwyn et M. Duruy, les lois de l'histoire naturelle sont inflexibles. Voltaire ne peut engendrer que des singes, et le *Réveil* que des Réveillards. *Genuit animal sibi simile.*

Je suis bien aise de dire ces choses avant que des noms honorables se soient fourvoyés peut-être sous le patronage du *Réveil.*

Ceci dit, le lecteur peut parfaitement se dispenser de lire les pages qui vont suivre, et même je l'y engage, pour peu qu'il ait autre chose à faire.

FIN DE LA PRÉFACE.

(Suivent les articles.)

www.ingramcontent.com/pod-product-compliance
Lightning Source LLC
LaVergne TN
LVHW020256230826
846091LV00006B/2448
9782011755155